Victor Du Bled

Une Industrie
pastorale

Histoire

ISBN : 978-1721623358

10 9 8 7 6 5 4 3 2 1

Victor Du Bled

Une Industrie pastorale

Histoire

Table de Matières

Introduction

L'agriculture française traverse une crise : le phylloxera a détruit une partie de ses vignobles, l'élevage du ver à soie disparaît, la concurrence étrangère nous prive de débouchés importants ; l'absentéisme, le fonctionnarisme, déciment les campagnes ; la terre, frappée d'anémie, reste là comme une sotte, payant pour tout le monde, rongée par la dette hypothécaire, et, par l'effet des partages héréditaires, des droits de succession, de vente qui grèvent le patrimoine immobilier des familles, le capital entier fait retour à l'État dans l'espace de soixante-quinze ans : le paysan attend de sérieux dégrèvements toujours promis, toujours différés ; on n'a pas entendu son silence, et il se plaint que l'impôt n'ait pas seulement une assiette, mais tant de pique-assiettes qu'il déteste comme la grêle sur sa moisson ; on oublie qu'il subit les révolutions et qu'il les répare par sa sagesse ; pour lui, le budget n'est pas un arrosoir, mais un coffre-fort scellé d'un chiffre impénétrable. Mais les fléaux de la terre, les défauts du paysan, demeurent la rançon de vertus éternelles ; la terre est toujours la grande nourricière, le réservoir de force et de courage ; elle pétrit son corps, le façonne aux plus rudes besognes, lui enseigne l'économie, cette seconde récolte ; la patience, qui est le secret de la victoire, le détourne des inquiétudes de la pensée. Elle a ses années de langueur, où elle trompe son robuste époux ; mais elle finit toujours par lui revenir, en le payant de sa fidélité, et elle lui inculque cette grande leçon des choses : pleurer sur sa maladie ne ramène pas la santé ; ne pas aimer à remuer son feu avec les mains du prochain, mais travailler, travailler encore, travailler toujours, marier le progrès avec les antiques coutumes, en s'avançant avec sagesse et fermeté dans la voie des améliorations ; instituer, là où elles sont possibles, les industries agricoles. Partout l'agriculture se métamorphose, devient de plus en plus intensive ; aux États-Unis, au Canada, dans l'Amérique du Sud, elle agit par grandes masses, comme une puissante usine, avec des terres de plusieurs centaines, de plusieurs milliers d'hectares, énormes domaines qui sont aux petites cultures ce que le *Louvre*, le *Bon Marché*, sont aux fabricants de détail. Grâce à notre régime successoral, la moyenne et la petite propriété dominent en France, où cette organisation fragmentaire est le plus ferme fondement de la sécurité, le bouclier de l'État contre les entrepreneurs de démolition antisociale. Et si elle ne peut s'adapter aisément aux nécessités de l'époque, du moins garde-t-elle des réserves précieuses dont le développement lui assure le bien-être : son bétail, la laiterie et ces nombreux modèles de sociétés rustiques qui confèrent à la petite propriété les avantages de la grande, procurent à ses produits des débouchés éloignés, mettent les plus humbles villages à la porte des centres de consommation.

Section I

Parmi nos industries pastorales les plus importantes, figure la fabrication du fromage, et en particulier celle du gruyère, qui prospère surtout en Suisse, en Franche-Comté, dans l'Ain, la Savoie et la Haute-Savoie. Sans remonter au déluge, on me permettra de remarquer que, dans tous les temps, les peuples pasteurs ont fabriqué des fromages. Pline, Columelle, Varron assurent que les gourmets de Rome appréciaient les fromages de l'Helvétie, de la Séquanie ; les bergers des *Géorgiques* vendent les leurs à l'*ingrate* Mantoue ; et c'est avec un fromage des Alpes qu'Antonin le Pieux se donna l'indigestion qui lui coûta la vie ; peut-être même le fromage de Gruyère nous vient-il des Celtes ou anciens Gaulois rejetés par la persécution religieuse des Césars dans les hautes montagnes de la Suisse, d'où il aurait gagné de proche en proche. D'après les anciens chroniqueurs, au XIᵉ, au XIIᵉ siècle, les couvents d'Engelberg, de Muri avaient des droits sur le fromage doux (*seracium*). Alors, du reste, chacun produisait selon ses besoins et gardait ses provisions : de là cette coutume de tenir de très vieux fromages en réserve, coutume qu'on retrouve dans les Ormonts, le Gessenay, le Valais, où, lorsqu'on enterre un habitant, on mange le fromage fabriqué en son honneur le jour de sa naissance, de son baptême et de son mariage. En 1628, on voit figurer, dans les inventaires après décès, quatre cents et même huit cents livres de fromages comme provisions de ménage, tous fromages maigres et du poids de dix à vingt livres[1].

Après la guerre de Trente Ans, la Franche-Comté se trouva tellement épuisée par sa courageuse résistance aux armes de Richelieu qu'elle ressemblait presque à un désert et qu'un chef de bandes, un Attila au petit pied, pouvait dire : « Si on trouve, après moi, une vache en Comté, je l'habillerai de velours. » Pour repeupler le pays, les Comtois s'adressèrent à la Savoie, au canton de Fribourg, et dans les montagnes du Jura vinrent s'établir des pâtres de la Gruyère, district gouverné par les comtes de Gruyère, qui portaient sur leur écusson héraldique une grue : ayant emmené avec eux leur modeste matériel, une chaudière, quelques planches, des vases en bois, ils mirent en commun le lait des troupeaux ; le fruitier se transportait tour à tour de maison en maison, et le fromage appartenait à celui chez qui on le fabriquait. Cette organisation, qui a fonctionné pendant des siècles, n'a pas encore cédé partout la place à un système plus rationnel, tant règne, impérieuse, la tradition dans l'âme rurale ; et c'est petit à petit, très lentement, grâce à la pression des faits, que le progrès s'avance parmi les populations des plateaux, les plus difficiles à convaincre, parce que l'antique routine pèse sur elles, tandis qu'avec celles des régions moyennes et de la plaine, on opère en quelque sorte sur table rase. L'œuvre de transformation a ses apôtres : MM. Louis Milcent, Alfred Bouvet, Tripard, Gobin, A. Ligier, Charles Martin, Brusset, Gauthier, Auguste Calvet, Briot, etc., hommes énergiques et modestes, qui, résolument, arrachent tous les jours un peu d'ivraie du champ et la remplacent par le bon grain, offrant aux adeptes l'aisance, les ramenant à la terre, aux vertus domestiques. Moins de blé, plus de laiterie, plus de fromages, une alimentation intelligente du bétail, une fabrication très soignée, voilà le programme et les moyens, voilà les premières conditions de la lutte contre la concurrence suisse[2].

Bien qu'on ait tenté d'attribuer aux fruitières françaises une origine plus antique que celle de nos voisins, bien qu'on ait pu citer des textes de l'année 1288, des arrêts du parlement de 1654 qui prétendait interdire la fabrication du fromage sous prétexte que le nombre des fruitières était excessif et que la vente s'effectuait en dehors de la province, « au grand préjudice du pays, » on ne saurait contester que, pendant longtemps, les Suisses nous aient surpassés, qu'ils aient été nos éducateurs ; qu'aujourd'hui encore leurs produits l'emportent par une réputation consacrée qui forme en leur faveur une sorte de prescription et leur donne l'autorité de la chose jugée. Du moins avons-nous marché d'un pas rapide, puisque les prix de vente sont sensiblement les mêmes, et nous pouvons espérer que, tôt ou tard, on nous rendra justice. En réalité, les fromages de Mamirolle et d'un certain nombre de fruitières comtoises ne le cèdent en rien à ceux de l'Emmenthal, et s'ils avaient figuré à la table des plénipotentiaires du congrès de Vienne, peut-être eussent-ils disputé au fromage de Brie cette royauté que lui décernèrent les diplomates émules de Brillat-Savarin.

Les bons fromages de Gruyère ne craignent pas la comparaison avec le camembert, le roquefort ; ils coûtent moins cher et fourniraient un aliment substantiel à nos soldats, aux classes laborieuses, chez lesquelles ils ne sont pas assez répandus. Partout où la condition des ouvriers s'améliore, observe Léonce de Lavergne, le premier mets que chacun ajoute à son morceau de pain, c'est un morceau de fromage. Que nos cultivateurs augmentent leur production, qu'ils installent de nouvelles fruitières ; il y aura place au soleil pour tous, et la consommation marchera du même pas que la fabrication. Deux mille fruitières environ, concentrées la plupart dans cinq départements, 14 millions de kilogrammes de gruyère, valant près de 22 millions de francs ; 2 millions et demi de kilogrammes de beurre fabriqués dans ces fromageries et représentant encore 5 millions de francs, voilà des chiffres qu'il serait facile de doubler. Et deux mille fruitières de plus, ce serait deux mille communes nouvelles enrichies, car la fruitière, lorsqu'elle réussit dans un village, c'est l'aisance qui succède à la médiocrité ; c'est l'écoulement des fourrages assuré, l'amélioration des races de bétail, les champs et les prés augmentant de valeur, trouvant acheteurs et fermiers.

Comment s'installent et fonctionnent ces sociétés patriarcales, comment se fabriquent et se vendent les fromages, quels obstacles et quels soutiens rencontre dans son expansion cette industrie ? quelles satisfactions peut-elle réclamer ? telles sont les questions qui se présentent naturellement. Le caractère juridique des fruitières, le droit des habitants d'une commune d'y entrer ou d'en sortir ont fait l'objet de mainte discussion entre les jurisconsultes, et de fréquents arrêts. Enfin, la cour de Besançon ayant décidé, en 1875, que les membres des sociétés de fromagerie ne peuvent être contraints de recevoir de nouveaux associés, et la Cour de cassation ayant rejeté le pourvoi, elles restent définitivement soumises aux règles du droit commun. On ne songe plus aujourd'hui à demander aux chambres une loi qui aurait pour premier résultat de créer quelques nouveaux fonctionnaires ; mais, afin de prévenir les procès et les divisions, on substitue aux vieilles coutumes une convention écrite qui devient le code des parties. Et voici que la loi du 21 mars 1884 fournit à ces associations[3]le moyen de se développer, de respirer en quelque sorte, de marcher et se défendre plus librement. D'après l'article 6, les syndicats professionnels ont pour objet l'étude et la défense des intérêts économiques, industriels, commerciaux et agricoles. Réunissez vos associés, introduisez dans vos statuts un article qui place la fruitière sous le patronage de la loi de 1884, déposez à la mairie le règlement en double exemplaire, avec la liste des membres du bureau, et voilà votre fromagerie passée au rang de syndicat professionnel, dotée de la personnalité civile et des avantages qui en découlent.

La plupart du temps, les conventions écrites se réfèrent aux traditions anciennes qui assuraient la stabilité et la permanence de l'institution ; il y a des règles générales qui ne varient guère, il y a des règles spéciales qui diffèrent selon les lieux, les convenances et les ressources des habitants. Obligation de livrer à la fromagerie tout le lait des vaches, sauf le lait nécessaire aux besoins du ménage, pénalités sévères et proscription énergique du lait fraudé ou malade, commission de surveillance chargée de l'administration, avec un président et un directeur-gérant, vente en bloc des fromages au profit de la société, défense aux associés de nourrir le fruitier, de lui faire des cadeaux sous peine d'amende, ces mesures forment aujourd'hui la base de tout statut bien combiné.

Un règlement semblable couperait court à une foule d'abus invétérés : la taille, le tour du fromage avec la marque nominative, la vente au confront. Dans les fruitières du bon vieux temps, la taille se compose d'un gros et d'un petit bout ; quand le sociétaire est créancier d'une certaine quantité de lait livré, il a le gros bout qu'on appelle la haute taille ; redevient-il débiteur, il reprend le petit bout ; ainsi se distinguaient le doit et l'avoir : qu'un pareil système prêtât aisément à des passe-droit, on le comprend sans peine. Avec le tour du fromage, les gros sont favorisés, les petits lésés ; que la fromagerie commence ses opérations en février, le possesseur d'une seule vache n'aura le fromage qu'en mai, après avoir fourni trois hectolitres au moins de lait ; le voilà donc forcé d'attendre jusqu'au mois d'août pour vendre, tandis que le propriétaire de plusieurs vaches a vendu son beurre et touché le solde du premier trimestre. Puis, pour le fromager qui recevait des épices comme un juge de l'ancien régime, quelle tentation de favoriser les gros bonnets qui le régalent, le blanchissent, lui envoient du boudin, ne manquent pas de l'inviter chaque fois qu'ils ont le fromage ! Celui-là qui me donne le rôti, je chanterai sa chanson : le vieil adage populaire reste vrai d'une vérité éternelle ; l'argent et les cadeaux seront toujours le miel de l'humanité[4].

Et quelles facilités de se venger, de faire du mal au voisin, par envie, par méchanceté, parce qu'il faut bien que quelqu'un commence, comme dit l'autre ! Que le fromager garde rancune au sociétaire pour lequel il travaille, deux morceaux de bois de trop sous la chaudière suffisent pour *faire partir* cinq ou six livres de fromage *par la cheminée*. Dans telle fruitière, Pierre, ennemi de Paul, s'arrange, toutes les fois que celui-ci a le fromage, de manière à faire manquer l'opération : pas vu, pas pris. Avec le système de la vente en bloc, tout est à tous et aucun produit n'est à personne individuellement ; l'intérêt, ce tout-puissant monarque, enchaîne Pierre, devient son gendarme, son code pénal et sa conscience, car il sait qu'il ne faut conserver que les rancunes utiles. L'associé n'a plus le fromage, il touche sa part de la vente, mais lorsque revient son tour, il dispose du petit-lait, qui constitue une nourriture excellente pour les porcs, de la crème, et du beurre, à moins que celui-ci ne soit vendu pour le compte de la société.

Fabrication sans méthode et vente sans garantie positive, ces deux écueils de la fruitière vont habituellement de conserve. La *vente au confront*, qui réalisait un progrès sur les anciens usages, est un véritable nid à procès. Vendre au confront, c'est traiter au prix, encore indéterminé, d'une autre fromagerie renommée du voisinage. Naturellement la fromagerie-type est prise d'assaut par le marchand qui, pour obtenir un chiffre favorable, concède des avantages indirects : étrennes au fromager, épingles, bonifications déguisées sous le nom de bon poids, liberté de l'écrémage, achat en bloc et à l'avance, sans réserve de rebut, de tous les fromages de la campagne annuelle.

La *vente au confront* n'a plus que de rares adeptes : la vente aujourd'hui s'effectue deux, trois, quatre fois par an, sur des produits qui n'existent pas encore, dont le marchand ne peut apprécier avec certitude la qualité, avec des cours bien mieux connus du négociant que des administrateurs. Les marchés se concluent verbalement, on ne stipule aucune indemnité de retard pour l'enlèvement. Au moment de la livraison, si les cours sont en hausse, l'acheteur élève peu de difficultés, fait peu de rebuts ; sont-ils en baisse, tout lui sert de prétexte à des réclamations ; or les syndics ou gérants subissent toujours ces exigences, parce qu'un mauvais accommodement vaut mieux qu'un bon procès, parce que le résultat le plus clair d'une querelle en justice, *c'est de gagner un chat et de perdre une vache.* Sur les 542 fruitières du Jura, 98 ont en 1888 supporté des rabais plus ou moins considérables. « Je serais bien curieux de savoir, demande M. Gobin, directeur de la fromagerie-école de Poligny[5], si jamais, la hausse étant survenue depuis son achat à terme, un négociant a offert à une société fruitière une augmentation proportionnelle sur les prix convenus. Les ventes de récoltes de vignes sur pied se pratiquent assez couramment aujourd'hui ; mais avez-vous vu ces achats s'opérer en avril, six mois avant la récolte qui aura à supporter d'ici là les chances de gelée, coulure, grêle, mildew, et alors que l'acheteur ignore, comme le vendeur, si le grand fabricant de vin, le soleil, travaillera pour eux, leur fournira quantité et qualité ?... Il serait intéressant que quelqu'un voulût bien expliquer en quoi le commerce des fromages diffère du commerce des blés, des huiles, des vins, du drap, de la toile, du beurre ou du chocolat. Je ne pense pas que jamais producteur ou vendeur aient été plus débonnaires que notre fruitière jurassienne ; que jamais négociant ait eu assez d'audace pour imposer ses conditions, toujours acceptées d'ailleurs. »

Conclusion : les paroles sont femelles et les écrits sont mâles ; si l'on trouve beaucoup d'acheteurs loyaux et solides, il en est qui regardent le commerce comme l'art d'abuser du besoin que quelqu'un a de quelque chose, qui pratiquent la politique du coucou, et n'hésitent point à faire du cuir d'autrui large courroie. Plus de conventions verbales, mais des marchés fermes, bien et dûment écrits, sur produits fabriqués et appréciables, vendus au cours du jour. Supprimez pour les uns les chances de baisse, pour les autres les chances de hausse, déterminez de suite les rebuts, les conditions de prix, de pesage, de livraison, vous ferez disparaître les causes de discussion et de perte. Mieux encore. Les administrateurs de l'école de Mamirolle ont décidé l'an dernier que les fromages seraient mis en adjudication sur soumission cachetée. La tentative semblait hardie, puisqu'elle allait à l'encontre des habitudes du commerce : elle a pleinement réussi : en mai dernier, huit amateurs se présentaient pour la production de mars et d'avril. M. Cuisenier, de Besançon, a été proclamé adjudicataire au prix de 85 francs les cent livres, le chiffre le plus élevé qu'on ait obtenu depuis quinze ans. L'école de Mamirolle qui traite aujourd'hui 6 000 litres de lait, et fabrique douze fromages par jour, commençait il y a deux ans avec 200 litres.

Section II

Entrons dans un chalet modèle et visitons-le attentivement : l'examen du local, du matériel, de l'outil fait mieux comprendre le travail de l'homme.

La lumière et la ventilation sont assurées dans toutes les pièces ; le sol cimenté, briqueté ou dallé ; partout une pente de 1 à 2 pour 100, amenant les eaux de lavage dans un canal par l'intermédiaire d'une grille syphoïde qui empêche tout retour d'odeurs, car la moindre impureté peut contaminer le lait et compromettre la fabrication : les petits canaux aboutissent à une rigole collective qui conduit les résidus loin de la fromagerie. Murs blanchis au lait de chaux. Dans la chambre à lait et les caves, plafond constitué par une voûte plate en briques.

Une pièce centrale, le vestibule, commande toutes les autres : là se font la réception et les analyses du lait, la vente, le pesage des fromages. Le pèse-lait indique soit la quantité, soit le poids, ce qui n'a pas grande importance, puisque le litre de lait pèse environ 1 025 grammes : les Suisses emploient la romaine, seule mesure fédérale reconnue ; en France, on se sert du pèse-lait à cadran, instrument très pratique qui détermine plutôt la quantité ; un certain nombre de fruitières du Jura et de l'Ain emploient un appareil, appelé *flottomètre*, qui mesure le lait et ne le pèse point. Les analyses de lait suspect et de beurre se font avec le crémomètre, le lacto-densi-mètre[6], le lacto-fermentateur et le lacto-butyromètre de Dietsch. Le vestibule présente cet avantage que les sociétaires ne pénètrent pas dans la cuisine et ne dérangent point le fromager dans son travail.

Voici la cuisine, bien éclairée, placée au sud et à l'est, avec un plafond de bois enduit d'un lait de chaux, parce que le plâtre tomberait sous l'influence des vapeurs produites. Le foyer, adossé au mur en maçonnerie, a la forme d'un calice, encastre hermétiquement la chaudière, empêche le passage de la fumée ou des cendres : il se ferme en avant par une large porte en tôle, à deux battants, qui permet à la chaudière d'entrer et sortir à volonté. Celle-ci se suspend à une potence en fer, mobile sur deux pivots, servant à l'introduire dans le foyer ou à la retirer. Il y a aussi des appareils à foyer mobile et chaudière fixe. Dans quelques grandes fromageries, on chauffe les chaudières à la vapeur, procédé excellent, supérieur aux autres, mais peu pratique en raison des frais d'installation qu'il entraîne[7]. La capacité des chaudières varie de 300 à 700 litres pour le gruyère, et de 1 000 à 2 000 litres pour l'emmenthal, qui atteint le poids de 140 kilogrammes et qui n'est qu'une variété de gruyère.

Dans un coin de la cuisine, la presse, qui joue un rôle important : on sait que la solidité des fromages suisses tient en partie à la pression énergique à laquelle ils sont soumis, pression qui les conserve pendant plusieurs années : 1 500 à 2 000 livres pour un fromage de 100 à 180 livres.

J'ai vu des presses de toute espèce, des systèmes déplorablement primitifs où la pression n'est nullement graduée : celle de mon chalet-modèle est la presse Laurioz qui se compose d'une table en chêne creusée d'une rigole pour l'écoulement du petit-lait : sur cette table, on place le fromage dans son moule et ses foncets, et une presse horizontale en fonte exerce sur le foncet supérieur la pression nécessaire au moyen de deux leviers fixés sur un arbre commun à la partie inférieure de la table ; l'un de ces leviers porte un bras gradué muni d'un poids curseur assez lourd ; la pression s'opère d'elle-même, croissant progressivement à mesure que le fromage comprimé devient plus dur, et le levier s'abaissant en même temps qu'il se débarrasse de son petit-lait.

La chambre à lait, située au nord et communiquant avec le vestibule, est le local où l'on entrepose le lait afin de conserver la traite du soir jusqu'au matin et de favoriser la montée de la crème. On y obtient la température modérée nécessaire au moyen d'une auge ou réfrigérant. Pour établir celui-ci, il faut avoir à sa disposition de l'eau courante ou de l'eau de puits qui circule dans des bassins où l'on dépose les vases à lait : ces bassins se construisent en ciment ou en bois recouvert de métal galvanisé ; ils doivent avoir $0^m,60$ de largeur et $0^m,10$ à $0^m,13$ de hauteur, sans compter les tringles du fond sur lesquelles on pose les rondes et qui ont $0^m,04$ d'épaisseur. Les rondots ou vases à lait sont en métal, très plats, et mesurent environ 24 litres. À Pontarlier, le fond de l'auge est garni d'un tube percé de petits trous par lesquels l'eau s'échappe et va frapper les rondots[8].

Près de la chambre à lait, la chambre à beurre, munie de tables, baratte, malaxeur, délaiteuse, moules à beurres, etc. L'expérience a prouvé l'utilité de fabriquer le beurre à la fruitière, la vente se faisant au profit de la société ou l'associé en disposant à son gré. Le cours du beurre dans nos villages ne dépasse guère la moyenne de 1 franc la livre ; or on atteint 1 fr. 40, 1 fr. 50 si l'opération est bien pratiquée : au chalet-modèle, on a un moule qui sert de marque de fabrique, et son beurre fait prime sur les marchés. Cela n'a l'air de rien et cela constitue un grand progrès, car la routine est le dernier seigneur du pays, et la femme le dernier défenseur de la routine. Elle qui a déjà tant de mal à donner le lait de ses vaches, crie volontiers à la fin du monde si les hommes imaginent encore de ne plus lui rendre la crème. Mais, dit-on, vous irez faire le beurre avec le fruitier, vous pourrez l'emporter ensuite, le vendre ou le consommer à votre guise. Toutes ces manigances lui semblent suspectes. Et puis, il faut bien dire le fin du fin, le pourquoi du pourquoi : le mari est très serré, il n'ouvre guère les cordons de la bourse, il faut se cacher de lui pour les dépenses les plus utiles, et on *fait des loups* ; on vend secrètement un peu d'avoine, du blé, des poules, du beurre surtout. C'est un proverbe consacré qu'une femme peut faire sortir par la chatière ce qu'un homme ne pourrait pas faire entrer par la porte de la grange. Mais avec le beurre fait à la fromagerie, le contrôle du mari devient plus facile, et adieu les larcins de beurre !

Les caves sont au nombre de deux : la cave fraîche et sèche, plus petite, qui reçoit tout d'abord les fromages pendant douze à quinze jours ; la cave chaude, voûtée, avec ses tablettes, son calorifère, son hygromètre, son thermomètre et son ventilateur. À côté de la cave fraîche, on a aménagé une glacière : la glacière, aux États-Unis, est le complément obligé de toute laiterie bien organisée.

C'est pendant le séjour dans la cave que les fromages acquièrent la saveur piquante qui les fait rechercher : ils deviennent le siège d'une fermentation lente de laquelle résulte une production d'hydrogène, d'acide carbonique, de sels ammoniacaux, etc. Quant à la fermentation caséique, elle est déterminée par le développement de sporules, moisissures, mucédinées, mucors, ovules, infusoires déposés par l'air sur le lait caillé pendant les manipulations qu'on lui fait subir. Le persillé des fromages de Roquefort, du stracchion de Milan provient du développement exagéré de ces êtres infiniment petits, développement d'autant plus actif que le fromage est plus mou, le local plus aéré, et maintenu à une température plus voisine de 20 degrés.

Tandis que le salage imprime à la pâte une saveur particulière, contribue à la conservation et maintient la fermentation des fromages, le chauffage régulier des caves est d'une importance capitale pour prévenir les défectuosités, hâter la maturité et diminuer la perte de poids. Les producteurs suisses écoulent leurs gruyères d'hiver en France comme une véritable primeur, dès le mois de février, alors que les produits de Franche-Comté, fabriqués à la même époque, ne sortent le plus souvent des caves qu'en juin et juillet : durant trois et quatre mois, nos concurrents, plus habiles, répondent seuls à l'appel des consommateurs. Pourquoi ? Parce que, depuis longtemps, les Suisses ont reconnu que les caves doivent présenter, en hiver, les températures suivantes, d'après l'âge des fromages que l'on passe successivement d'une cave dans l'autre : Fromages frais ou blancs, sortant de la presse, 10 degrés ; un mois plus tard, 13 à 15 degrés ; deux mois ensuite, 10 à 12 degrés.

Lorsque, au sortir de la presse, le fromage a séjourné douze à quinze jours dans une cave sèche, à température relativement basse, avant d'être soumis à l'action de la chaleur humide, on n'a plus à craindre que les pièces se déforment, s'étendent ; la croûte se forme, s'épaissit, durcit en prenant une belle couleur jaune d'or.

Autre utilité de la première cave : quand les fromages sont restés quelque temps dans la cave chaude, il peut arriver que certains tomes fermentent trop rapidement et tendent à se bomber : rien de plus simple alors que de transporter ces pièces dans la cave froide où, la fermentation se trouvant ralentie, le danger de gonflement disparaît aussitôt.

Mais il ne suffit point de régler la température des caves, il faut déterminer aussi leur degré d'humidité. Il en est de naturellement sèches et d'autres naturellement humides, suivant qu'elles se trouvent au rez-de-chaussée ou sous terre, creusées dans le roc ou en sous-sol de plaine. Ainsi l'hygromètre doit faire pendant au thermomètre et indiquer les degrés suivants : Fromages frais ou blancs, 80 à 85 degrés ; un mois plus tard, 85 à 90 degrés ; deux mois ensuite, 90 à 95 degrés.

Pour chauffer la cave, un fourneau en fonte ordinaire ne convient point, parce que la chaleur, très vive d'abord, tombe rapidement pendant la nuit ; mais on obtient l'état hygrométrique nécessaire avec des fourneaux en briques, en pierre ollaire ou en fonte émaillée, munis d'une bassine de vaporisation. À défaut d'hygromètres ou de psychromètres perfectionnés, on se contente de l'hygromètre à cheveu (le capucin), ou même de celui que fabriquent eux-mêmes les fruitiers suisses avec une ramille de sapin écorcée et recourbée, que l'humidité fait redresser. Seulement il faut adapter à ces petits instruments un cadran gradué par comparaison avec l'hygromètre de précision. Enfin, le premier étage de la fruitière modèle comprend le logement du fromager et la salle de réunion des sociétaires.

Voilà le chalet idéal. Il n'a qu'un inconvénient : c'est de coûter fort cher ; 12000 ou 15000 francs de dépenses ne laissent pas de grever lourdement le budget de propriétaires ruraux qui, en général, ne roulent pas sur l'or et l'argent. Qu'ils souscrivent des actions ou qu'ils empruntent, l'intérêt de l'argent et l'amortissement du capital devront toujours se prélever sur les revenus de la fromagerie, et les bénéfices des premières années sembleront bien modestes. Dieu merci ! beaucoup de fruitières réussissent avec une installation moins grandiose. Louez près d'un ruisseau ou d'un puits, une maison pourvue au rez-de-chaussée de deux pièces et d'une grande cave qui puisse se partager en deux parties, faites quelques réparations, et avec un matériel de 1 200 à 1 400 francs, du bon lait, un fromager expérimenté, vous aurez d'excellents produits. Je sais une minuscule fruitière établie à Vandelans, canton de Rioz (Haute-Saône) : la cuisine, une chambre à lait, une autre pièce qui sert de cave, une quatrième qui forme le logement du fromager, pas de crépissage aux plafonds, aucun pavage (la cuisine seule est briquetée), les frais simplifiés jusqu'à l'extrême limite ; la dépense n'a pas atteint 500 francs. Les sociétaires ont réparé eux-mêmes la maison, fabriqué une partie des instruments, ils prennent pour devise : le *self-help*, l'économie, ils se disent qu'on n'a de bien que celui qu'on se fait. Ils ont un bon fruitier qui n'a pas manqué un fromage depuis deux ans, le pays se relève, s'enrichit à vue d'œil, les vaches donnent en moyenne 300 francs de revenu par an, y compris, bien entendu, le beurre, le petit-lait et le veau. Voilà ce qu'on obtient avec de la persévérance, voilà ce qu'on pourrait faire dans la moitié des communes de la Haute-Saône, qui possède des prés de première qualité. Malheureusement, elle a à peine quinze fruitières, toutes fondées dans les arrondissements de Gray et de Vesoul, sauf une seule qui commence dans l'arrondissement de Lure, et dont les vingt premiers associés accomplissaient presque un acte de courage en prenant cette initiative, dans un pays où cette industrie pastorale était absolument inconnue, et malgré les clameurs, les prophéties railleuses des ignorants, des envieux et des sots. Quand donc nos cultivateurs secoueront —ils cette léthargie séculaire ? Quand se lasseront-ils de pratiquer la politique de l'autruche, de fermer les yeux lorsqu'on leur montre la vérité ? Quand auront-ils pitié d'eux-mêmes ? Planter de vieux échalas en guise de provins n'est pas, remarque Max Buchon, le moyen de s'assurer une bonne vendange. Pour se faire une idée juste d'une forêt, il faut non pas rester dedans, mais en sortir.

Section III

De bons prés, de bonnes vaches, un bon fromager, trois essentielles conditions de succès : à vrai dire, les deux premières n'en font qu'une, ou plutôt la seconde ne va pas sans l'autre. « Est à souhaiter le plus du domaine être employé en herbages, trop n'en pouvant avoir pour le bien de la messagerie, d'autant que sur un ferme fondement toute l'agriculture s'appuie là-dessus. » Et, pour remplir ce précepte d'Olivier de Serres, il faut entretenir un bétail de plus en plus nombreux (ferme sans bétail est cloche sans battant), l'expérience démontrant que l'industrie laitière est l'avenir de la France agricole, que la vache rapporte plus que l'élevage des bœufs d'engrais et du mouton :

Elle, bonne et puissante, et de son trésor pleine, Sous leurs mains, par moments, faisant frémir à peine Son beau flanc plus ombré qu'un flanc de léopard, Distraite, regardait vaguement quelque part.

Dans les Hautes-Alpes, où l'on a, depuis 1877, fondé une vingtaine de fromageries, les associés reconnaissent que la même quantité de fourrages consommée par des bêtes à laine produit deux fois moins qu'employée à la nourriture des vaches sans fruitière et quatre fois moins qu'en fruitière, que la conversion des terres en prés augmente le fumier disponible, le revenu, et diminue les frais d'exploitation[9]. D'ailleurs, en favorisant l'institution dans la région des Alpes et des Pyrénées, M. Tisserand, directeur général au ministère de l'agriculture, MM. Calvet, Briot, les conseils-généraux poursuivent un autre but : le reboisement, le regazonnement des montagnes. Quant aux habitants de l'Ain, ils possèdent maintenant une race qui donne 20 à 25 litres après le vêlage, une moyenne de 15 litres pendant les six mois qui suivent, rapporte jusqu'à 350 et 400 francs par an : dans les communes à fruitières, on ne trouve plus de bœufs et de chevaux que là où ils sont absolument nécessaires pour opérer de lourds charrois, et c'est un axiome consacré que la vache donne trois fois autant que le bœuf à l'engrais, six fois plus que l'élevage du cheval, qu'elle procure plus d'aisance que la vigne aux pays vignobles, car la vigne enrichit le propriétaire, mais appauvrit le sol, et la fruitière enrichit l'un et l'autre. Des communes qui jadis vendaient deux cents voitures de foin au dehors, en achètent deux cents aujourd'hui, leurs prairies artificielles en rendent encore deux cents ; les champs qui produisaient 8 à 10 hectolitres par hectare en donnent 15, 25 et 30 ; des métairies qui valaient à peine 15 000 francs se vendent couramment 60 000.

En général, le bétail suisse l'emporte sur le bétail de nos fruitières : mieux soigné, mieux nourri (les poules pondent par le bec), fortifié par une sélection intelligente, paissant dans la montagne des herbages aromatiques et buvant l'eau limpide des sources, il réunit ce double avantage : quantité, qualité. Tandis qu'en Franche-Comté la vache fémeline donne en moyenne 1 800 litres de lait, la vache suisse arrive à 2 300 au minimum ; dans beaucoup de villages elle dépasse 3 000, et l'on en cite qui rendent 4 200 litres. D'après une ancienne coutume qui a contribué à la sélection du bétail de ce pays, un jour d'été, tous les propriétaires d'une alpe se donnent rendez-vous : le lait des bêtes est mesuré devant témoins, la plus féconde proclamée reine du troupeau, et ses descendants sont recherchés dans la vallée jusqu'à la troisième et quatrième générations. La Suisse est en toute vérité le pays du lait : ses 663 102 vaches fournissent 15 251 346 hectolitres, qui, à 12 francs l'hectolitre, représenteraient une valeur de 183 016 152 francs. L'exportation des fromages atteignait, en 1886, 27 431 900 kilogrammes : si l'on admet une consommation moyenne de 8 kilogrammes par habitant (elle n'est que de 2 kilogrammes en France), on obtient une production totale de 50 080 196 kilogrammes qui, au prix modique de 1 fr. 10, équivalent à 55 millions de francs. La Suisse a quatre écoles de fromagerie théorique et pratique, organisées, dirigées de la manière la plus satisfaisante : Moudon, Sohrntal, la Rutti et Fribourg.

La différence du prix de vente entre les fromages de plaine et de montagne est d'ordinaire de 3 à 5 pour 100 ; deux fois seulement, depuis quarante-quatre ans, les premiers ont dépassé les seconds. L'altitude seule ne détermine pas le prix, mais aussi, et avant tout, l'installation de la fromagerie, l'habileté du fruitier. On comprend l'importance du choix du fromager : beaucoup de candidats se présentent, mais la présomption ne remplace pas le talent, et trouver un homme expérimenté, sobre, honnête, capable de tenir une comptabilité régulière, constitue un problème assez ardu. Est-il célibataire, prenez garde qu'il ne s'absente trop souvent et ne favorise les maisons où il y a de jolies filles ! Est-il marié, père de famille, gare aux produits de la fromagerie ! Je connais une fruitière où l'on débuta par un ivrogne ; les fromages se vendirent 41 francs les 100 livres ; les associés persistèrent, ils choisirent un autre fruitier, les tomes trouvent preneur à 70 francs.

Le gage du fromager[10] est, tantôt fixe avec quelques primes éventuelles, tantôt proportionnel à la quantité des produits ; il varie, selon que la fabrication s'opère toute l'année ou seulement pendant une demi-saison, selon qu'il fournit chaudières, présure, toiles, tranche-caillé, moussoirs, sel, etc., qu'il est nourri, que la fruitière est plus ou moins importante, qu'il peut suffire seul au travail ou qu'il doit prendre un aide payé : le minimum est de 4 fr. 50 et le maximum de 17 francs par 100 kilogrammes fabriqués : en Suisse, on le paie 1 000 à 1 200 francs. Ayez soin de l'intéresser directement à la quantité et à la qualité des produits. En le rétribuant d'après la quantité seulement, il visera, s'il n'est pas délicat, à produire beaucoup de poids ; et pour cela, il chauffera peu le fromage, le pressera mal.

Un grand pas vient d'être fait : en 1887, M. Viette, député du Doubs, avait présenté à la chambre un intéressant rapport sur l'industrie fromagère ; devenu ministre, il décida, par arrêté du 19 juin 1888, l'organisation suivante : 1° création d'une station de recherches et d'études scientifiques sur le lait, à Besançon, sous le titre de *Station laitière de l'Est*, comprenant un directeur, un préparateur et un garçon de laboratoire ; 2° une école de laiterie établie dans une maison, avec jardin et prés, acquise par l'état, à Mamirolle, auprès d'un domaine rural, avec vacherie et fruitière, lesquels sont exploités aux frais et risques des propriétaires qui mettent leur lait à la disposition de l'école ; le personnel se compose d'un directeur, deux professeurs et un chef de pratique payés par l'état ; 3° une fruitière-école établie à Saint-Vit dans une fromagerie exploitée par un syndicat. Une autre fromagerie-école a été fondée à Poligny par le conseil-général du Jura. L'école de laiterie a pour but de faire connaître et répandre les meilleures méthodes d'élevage, la fabrication du beurre, du fromage et l'emploi rationel des sous-produits ; elle reçoit deux catégories d'élèves : 1° des jeunes gens désireux de s'instruire dans tous les détails de l'industrie laitière ; 2° des fruitiers praticiens qui viennent se perfectionner ; la durée des études est d'un an pour les premiers, de trois mois pour ceux-ci, l'enseignement gratuit ; les apprentis doivent pourvoir à leur entretien ; mais l'état et les départements accordent des bourses de 40 francs par mois à quelques élèves. De cette création, réclamée depuis longtemps, sortira une pépinière d'excellents sujets. Les directeurs de Mamirolle et de Poligny, MM. Martin et Gobin, font, quand on le leur demande, des conférences dans les communes et donnent d'utiles conseils pour l'aménagement des nouvelles fromageries. Dans le département de l'Ain, à Maillât, à Ruffieu, deux petites écoles de fromagerie, instituées en 1883 et 1884, présentent des résultats satisfaisants.

Voilà donc notre fruitier choisi, son traité signé, le chalet aménagé, pourvu de ses instruments, le lait versé dans la chaudière : tout près du praticien, la poche, le brassoir, le disque, le tranche-caillé, les toiles, la présure qu'il fabrique lui-même[11], au fur et à mesure des besoins, avec la caillette ou quatrième estomac des jeunes veaux. Voyons comment il procède. Quand le lait a atteint 30 ou 40 degrés suivant la saison, il éloigne un instant la chaudière, y jette la présure qui provoque et détermine le caillage. Au bout de 20 à 25 minutes, la masse ayant pris une consistance gélatineuse, le fabricant, armé du tranche-caillé, commence par la découper en tranches horizontales, d'une manière très régulière. Le lait est remis au feu, porté à une température de 45 à 50 degrés, et pendant la chauffe, il ne cesse de mouver, de brasser la masse encore liquide, afin de partager le plus possible les grumeaux du caillé en facilitant leur formation : en même temps il suit la marche de la température en s'aidant d'un thermomètre qu'il plonge fréquemment dans le liquide. C'est à ce moment qu'éclatent sa force, son habileté, c'est ce tour de main qui exige une longue et minutieuse pratique. Lorsque les grumeaux qui nagent dans le liquide, amenés à la grosseur de grains de riz, sont d'un blanc jaunâtre, se séparent d'eux-mêmes quand on ouvre la main après les avoir serrés, forment une pâte élastique craquant sous la dent, alors le fruitier cesse de débattre, mais il imprime à la masse un mouvement giratoire destiné à permettre au grain de se réunir au centre et au fond de la chaudière, et il procède à la mise en moule. À cet effet, il prend une toile d'environ 2 mètres de longueur sur 1ᵐ, 50 de largeur, noue l'une des extrémités autour de son cou, et fait passer l'autre sous le pain de caillé réuni au centre de la chaudière. La pâte ainsi placée comme dans un sac est remontée, transportée par l'ouvrier dans un moule cylindrique, soumise pendant quarante-huit heures à une pression énergique qui amène l'égouttement du petit-lait, le tassement, la formation définitive de la meule ; on la porte alors à la cave, on la place sur des tablettes superposées, elle est soumise à la salaison et subit une fermentation qui imprime à la pâte une saveur et une odeur caractéristiques. Au bout de quatre, cinq ou six mois, un bon fromage doit présenter une pâte unie, sans crevasses, de couleur jaune clair, avec des yeux brillants, légèrement humides ; la pâte doit s'écraser facilement entre le pouce et l'index, fondre dans la bouche après quelques instants, en laissant une saveur légèrement salée. Les fromages *bréchés* (sans yeux), *écaillés* (à trous irréguliers, nombreux et semblables à ceux d'une éponge), *gercés* (fendillés extérieurement), *montés*(boursouflés), *lainés* (présentant des fentes horizontales à l'intérieur), proviennent d'une fabrication défectueuse et surtout d'une fermentation insuffisante, qui les exposent à une grande dépréciation, souvent même à un refus complet du négociant.

Avec le petit-lait resté dans la chaudière après la sortie du fromage, on obtient encore deux produits : le beurre de petit-lait, beurre de brèches ou grasseion, et le serai. La meilleure manière de fabriquer le beurre de brèches consiste à laisser refroidir pendant trois jours dans un endroit frais le petit-lait, avant de l'écrémer : à la Station laitière de Trente (Italie), en le maintenant à une température de 10 à 12 degrés, on a pu retirer de 1 000 litres de lait ayant servi à façonner du fromage gras de Gruyère, 12 kilogrammes de second beurre très recherché par les pâtissiers. En Suisse, le directeur de la laiterie de la Roche (canton de Fribourg) traite son petit-lait chaud par l'écrémeuse centrifuge qui lui fournit d'excellent beurre vendu à Genève 3 francs le kilogramme. Ou bien encore, portez tout simplement la température du petit-lait jusqu'à 80 ou 90 degrés, ajoutez 2 pour 100 d'aisy ou petit-lait aigri : la crème non entraînée dans le fromage remonte à la surface ; mais le beurre qu'on en tire demeure bien inférieur au beurre obtenu par le refroidissement du petit-lait. En général, 100 litres de lait ayant servi à la fabrication du fromage laissent 80 à 85 litres de petit-lait, lesquels fournissent 400 à 750 grammes de beurre de brèches.

Pour avoir le serai, amenez jusqu'à l'ébullition le petit-lait écrémé, jetez-y 3 à 5 pour 100 d'aisy ; l'albumine en dissolution se coagule, apparaît à la surface : on l'enlève, on l'égoutte, on la transvase dans un moule garni d'une toile : voilà le *serai* ou *séré*, aliment très sain qui se consomme à la campagne. Trois cents litres de lait employés à fabriquer un fromage gras rendent 8 ou 9 kilogrammes de ce second fromage. Après le beurre blanc, le petit-lait sert encore à l'engraissement des porcs ; mais après la sortie du serai, le liquide verdâtre qui reste dans la chaudière ne convient plus aussi bien : on l'appelle alors la *recuite* ; elle sert à préparer l'aisy et la présure ; le reste est distribué aux associés qui le donnent à leurs porcs.

Les fromages de Gruyère se partagent en trois catégories : les fromages *gras*, connus sous le nom d'*Emmenthal*, fabriqués avec du lait non écrémé, reconnaissables à leur grosseur, au moelleux de la pâte, à la rareté des yeux ; les fromages demi-gras, obtenus en mélangeant, la traite du soir, plus ou moins écrémée, avec celle du matin qui ne l'est point ; enfin les fromages maigres ou séchons, de qualité inférieure, fabriqués l'hiver dans les petites fromageries, avec du lait écrémé aux trois quarts ou aux quatre cinquièmes[12].

Moins vous écrémez, mieux vaut le fromage ; voilà un principe admis partout en Suisse, méconnu par beaucoup de nos fruitiers. Mais, s'écrient-ils à l'envi, et les ménagères appuient sur la chanterelle, mais l'écrémage empêche la *lainure*, les fromages gras sont exposés à se bomber pendant les chaleurs et à fondre en route ; d'ailleurs la vente du beurre subvient aux besoins journaliers du ménage, et cette fabrication mixte fournit un revenu plus considérable. « Tout ça, c'est des mentes, me disait une bonne femme, et des sorcelleries du diable ! Dieu merci, nous gagnons des sous avec notre vieil usage. Pourquoi changer ? On n'apprend pas à sa mère à faire des enfants. »

La vérité fait tout doucement son chemin dans le monde ; vingt fois on la repousse comme un chien galeux, elle ne se déconcerte pas, revient à la charge et finit par forcer la porte. Que les fromages gras de l'Emmenthal se fabriquent plus facilement et soient moins sujets à la lainure, qu'ils voyagent sans dommage jusqu'en Australie, aux Indes et rapportent davantage que les fromages demi-gras et le beurre réunis, c'est chose avérée, reposant sur des calculs mathématiques et mille fois répétés. Se flatter de faire des fromages superfins après avoir fortement écrémé, vaut la prétention d'un vigneron d'obtenir d'excellent vin avec des raisins qu'il aurait d'abord passés à l'alambic pour en tirer l'eau-de-vie.

Mille litres de lait écrémé au cinquième fournissent 86 kilogrammes de fromage gras à 1 fr. 60, et 7 kilogrammes de beurre à 2 fr. 60, total 155 francs, ce qui correspond, pour 1 kilogramme de fromage, à 11 litres 66 de lait, dont on a prélevé 21 pour 100 de beurre seulement : dans cette fabrication, le prix du lait ressort à 0 fr. 155.

S'il s'agit de fromages demi-gras, dont on a prélevé 43 pour 100 de beurre, 1 000 litres de lait fournissent 73 kilogrammes de fromage à 1 fr. 60 et 14 kilogrammes de beurre à 2 fr. 60, total 137 fr. Ce qui correspond, pour 1 kilogramme de fromage, à 14 litres de lait, et fait ressortir le prix du litre à 0 fr. 137 ; ainsi la différence de produit en argent est de 18 francs.

Donc très peu d'écrémage, et que la perspective du petit intérêt d'aujourd'hui ne fasse pas négliger le gros intérêt de demain. Ici d'ailleurs, la pratique varie de fruitière à fruitière : les unes demandent à un hectolitre de lait 1 kilogramme de beurre, les autres veulent davantage, quelques-unes prélèvent jusqu'à 2 kilogrammes 250 grammes. On calcule qu'il faut en moyenne 2 kilogrammes 830 grammes de crème ou 30 litres de lait pour fournir 1 kilogramme de beurre. Si donc la crème prélevée sur 100 litres de lait rend 1 110 grammes de beurre, on sait que le lait a été écrémé au tiers ; si elle ne produit que 830 à 840 grammes, le degré d'écrémage ne sera que le quart. Aujourd'hui beaucoup de négociants imposent par leurs marchés la limitation de l'écrémage. On racontait aux sociétaires d'une fromagerie assez mal administrée et peu prospère, le trait d'une grande dame à laquelle ses hôtes faisaient compliment de ses canards, d'une beauté et d'une grosseur exceptionnelles. — « Vous voudriez bien en manger, leur dit-elle, mais je ne vous en servirai pas, je les laisse devenir des oies pour les vendre plus cher. » Les associés éclatèrent de rire : le conteur fit observer que le mot de la princesse n'était pas plus drôle que leur conduite à eux qui s'obstinaient à écrémer d'une manière déraisonnable ; elle, du moins, ne connaissait rien aux choses de la terre qui était leur sphère propre. Ils comprirent l'apologue et se corrigèrent.

Section IV

L'industrie fromagère a débuté dans les hauts plateaux, et, jusqu'en 1830, les fromages de montagnes formaient l'immense majorité de la production. Voici un bail à ferme du canton de Berne (en 1714), qui fournit d'intéressants éléments de statistique.

Avec l'habitation, le vacher-fermier reçut : 1° trente mères vaches pleines, estimées pour mémoire 333 couronnes. La couronne bernoise valait 3 fr. 62 c, ce qui porte ces trente vaches à une valeur totale de 1 200 francs (aujourd'hui, elles se vendent en moyenne 4 à 500 francs) ; 2° l'alpe qu'elle devait paître ; 3° deux toises cubes de foin par vache ; 4° droit de pâturage en automne sur une grande prairie et sur tous les champs moissonnés. — En retour, il devait payer : 1° 10 couronnes, c'est-à-dire 36 francs par vache, soit 1 080 francs ; 2° 100 livres de beurre ; 3° un fromage de chaudière. Le fourrage livré, en plus ou en moins, serait réglé au prix de 12 francs la toise cube, et le beurre non livré au prix de 6 sous la livre.

Les prix ont augmenté, l'outillage s'est perfectionné, le régime de la montagne reste sensiblement le même. Le pâturage y commence le 1er juin pour finir le 9 octobre, à la fête de la Saint-Denis. « Ces 50 énormes vaches, écrit Max Buchon, sont curieuses à voir défiler, sous la garde du fromager et de ses deux aides, portant toutes au cou une campaine grande comme un boisseau ; les unes en cuivre sourd de chaudière à fromage, — ce sont les basses du concert, — et les autres en airain sonore, donnant toutes les notes de l'octave. Quand ce cortège passe à votre portée, vous diriez une sonnerie de cathédrale lancée à toute volée. » Sur les montagnes du Doubs, du Jura et des Alpes, elles trouvent de verts pâturages, des *prés-bois*, interrompus çà et là par des rochers et des bouquets d'arbres, appartenant à des particuliers, à des communes qui les louent d'ordinaire pour six ans ; le prix de location dépend moins de l'étendue du terrain que de la qualité de l'herbe, de son abondance et des voies de communication. Le chalet est très simplement construit : les murs en bois, la toiture en planches ; une pièce pour le lait, une autre pour les fromages, un logement pour le fruitier et ses aides ; le long du chalet, des barreaux où l'on attache les bêtes pendant la traite, enfin, un réduit où l'on nourrit les jeunes cochons avec les recuites. L'amodier ou locataire a droit au combustible nécessaire ; à défaut de sources, les pâturages reçoivent l'eau par des voies artificielles. Il faut environ 1 hectare 30 ares de pré par vache : si le lot n'est pas assez garni, l'herbe mal broutée devient grossière, dure, et le lait des bêtes s'en ressent comme quantité ; est-il surchargé de bétail, le lait diminue en quantité et qualité.

L'amodier paie 60 à 80 francs par vache pour quatre mois ; mais on lui verse une redevance de 10 à 20 francs par tête de veau ou de bœuf qu'il entretient. Une vache vêle-t-elle pendant son séjour sur l'alpe, le veau appartient à l'amodier afin de compenser pour lui la perte de lait ; en cas d'accident, elle périt pour le propriétaire, mais l'amodier doit lui livrer la peau. La traite se fait deux fois par jour : les vachers sont munis d'une poche en cuir contenant du sel dont ils donnent une pincée à chaque bête après l'opération. On compte 4 ou 5 hommes pour un troupeau de 75 à 80 vaches : le chef ou fromager reçoit 300 francs pour la campagne, ses aides 120 à 150 francs ; ils vivent des produits de la laiterie, de soupe aux légumes, et de pain : point de viande de boucherie. M. Lind Roth[13] remarque que le chalet et ses alentours sont fort malpropres, mais il constate la bonne tenue des ustensiles, et s'étonne qu'on produise d'aussi excellents fromages dans des locaux dont les abords ont un aspect presque repoussant. De voir des vaches que la pluie seule nettoie, cela le désole et l'indigne un peu. Mais quoi ! la propreté, chez ces gens-là, ne passe point pour une vertu cardinale et j'en sais qui la considèrent comme un luxe réservé aux riches ou aux jours de fêtes carillonnées. On n'engraisse pas ses cochons avec de l'eau claire ; le balai et le torchon ne rapportent pas de pain à la maison, disent-ils en manière d'excuse.

Voici le compte approximatif des opérations d'un chalet visité par M. Lind Roth.

Dépenses : loyer, 2 500 fr. ; fromager, 300 fr. ; quatre hommes, 400 fr. ; 73 vaches à 73 fr. 50, 5 335 fr. ; divers (sel, etc.), 300 fr. ; 20 porcs, 400 fr. Total, 9 265 francs.

Recettes : 100 têtes de bétail à 20 fr., 2 000 fr. ; 11 200 livres de fromages à 68 centimes la livre, 7 677 fr. ; 20 porcs à 75 fr., 1 500 fr. Total, 11 177 francs. — Bénéfice net : 1 912 francs.

J'ai expliqué le système des fromageries collectives, celles où la société exploite pour son propre compte le lait, engage un fruitier, vend elle-même ses fromages. Il y en a un second qui s'est développé surtout en Suisse, que d'aucuns préconisent avec ardeur et qui semble constituer un progrès à rebours : l'association vend le lait à un entrepreneur ou fruitier qui le paie chaque mois, un prix fixé d'avance, dix, onze, douze centimes le litre ; elle fournit le local, l'installation, les ustensiles. Moins de responsabilité pour le paysan, l'argent entrant plus vite, faisant circuler rapidement le capital d'exploitation, voilà les avantages de la nouvelle méthode. Mais que d'inconvénients ! Restreindre la consommation du lait, nourriture saine et peu coûteuse, par l'appât du gain immédiat, désintéresser les propriétaires ruraux de la fabrication, leur enlever un puissant ressort de loyauté et d'activité, surtout les livrer aux chances de succès d'un spéculateur qui parfois ne sait pas bien son métier, ou qui sera tenté de rechercher le plus bas prix de revient au détriment de la qualité des produits, compromettre la renommée des vieilles fromageries et peut-être les conduire à leur ruine. Plus de beurre pour les besoins de la maison, plus de petit-lait pour l'élevage des porcs ! Où sera la garantie du fruitier pour obtenir du lait pur et de bonne qualité ? Pourquoi favoriser ce goût de dépenses qui envahit aussi la campagne ? Combien de ménages où les fils menacent de quitter le toit paternel si on ne leur remet chaque dimanche un écu pour jouer aux quilles et *godailler* au cabaret, où les filles vont aux champs en bottines, *font tirer* leur photographie, et s'ingénient à singer les toilettes de la châtelaine ! Combien de cultivateurs oublient que le jour de la pesée était autrefois celui du paiement des fermages, des achats d'étoffes et de provisions d'hiver ! On gaspille volontiers les petites sommes, tandis que les gains sérieux portent en eux-mêmes une sorte de majesté et de superstition qui retient de les *galvauder*, et pousse à leur donner comme contrepoids des dépenses également sérieuses. Conclusion : La vente à un entrepreneur empêchera le développement de notre industrie laitière : aussi, dans beaucoup d'endroits, est-on revenu à l'ancien système.

Section V

L'industrie laitière a, depuis un quart de siècle, réalisé d'immenses progrès dans le monde entier. Les beurres danois, suédois, hollandais, allemands, italiens, américains nous font une concurrence de plus en plus active sur les marchés de l'Angleterre et de l'Amérique du Sud. Partout on a organisé l'enseignement agricole ; en Écosse, en Irlande, on a un enseignement ambulant pour la bonne fabrication du beurre ; les États-Unis, le Canada, appliquent notre principe d'association au traitement du lait. « Dans certains districts, vous rencontrez çà et là un grand bâtiment en bois auquel est annexée une étable à porcs, près duquel court un ruisseau : du premier coup d'œil la fromagerie se trahit aux yeux du connaisseur. Tout est d'une propreté minutieuse. De grandes cuves placées les unes à côté des autres sont disposées de manière à recevoir le lait qui, après avoir été pesé sur un plateau, vient s'y déverser. Près de là se trouvent les presses ; une annexe du bâtiment renferme la machine à vapeur qui dirige tous les appareils et chauffe le lait pendant qu'il est dans les cuves… Tous les ans, la qualité du fromage s'améliore, et elle devient de mieux en mieux appropriée aux besoins du marché anglais. » Ces laiteries coopératives ou hollanderies ont pris naissance dans le comté d'Oneïda ; plusieurs entretiennent des troupeaux de 1 500 vaches, une bourse spéciale a été fondée à Utique. En général, les fermiers associés ne livrent le lait qu'une fois par jour ; un bon fromager se paie 50 dollars (250 francs) par mois, et on calcule que 10 livres de lait fournissent une livre de fromage. Les États-Unis d'Amérique possèdent plus de 41 millions de bêtes à cornes, parmi lesquelles on compte au moins 10 millions de vaches laitières[14] : la production annuelle dépasse 100 millions d'hectolitres, dont 35 sont convertis en 100 millions de kilogrammes de beurre et en 150 millions de kilogrammes de fromages divers (Chelder, Chester, Hollande, Gruyère, etc.). Depuis dix ans, ils ont adopté le système suédois : réfrigérants, écrémeuses, malaxeurs, presses ; en 1870 ils exportaient 1 million de kilogrammes de beurre, 20 millions en 1880 ; leur exportation fromagère a progressé de 25 millions de kilogrammes en 1870, à 97 millions en 1879 ; en 1884, elle dépassait le chiffre de 506 000 quintaux métriques. Tout les favorise : des prairies sans limites, l'esprit d'initiative et de progrès, un service de chemins de fer bon marché, une navigation excellente. De son côté, le Canada exportait en 1884 pour plus de huit millions de francs de beurre, et pour 36 259 945 francs de fromages[15].

En Allemagne, on a fait venir du bétail et des fromages suisses, on a étudié avec soin les procédés de ce pays, et maintenant on y fabrique du gruyère de bonne qualité. Et non-seulement du gruyère, mais du brie, du camembert. M. Lézé, professeur à l'école de Grignon, en a rencontré de nombreux échantillons en 1884, à l'Exposition laitière de Munich. Quant au Danemark, il occupe le premier rang pour la qualité du beurre. Grâce aux conseils du docteur Segelcke qui a montré à ses compatriotes les avantages du marché de Londres pendant l'hiver, ils exportent moins de céréales, les expédient sous forme de farine et gardent le son ; jadis ils exportaient des tourteaux, aujourd'hui ils en importent pour 19 millions de francs. Autrefois le vêlage se faisait au printemps, il a lieu en octobre et novembre, afin d'obtenir le maximum de production quand les prix sont élevés. Remarquons d'ailleurs, avec M. Martinet, que peu de pays exportent du fromage, tandis que beaucoup exportent du beurre, et que l'exploitation du lait suppose une certaine intensité de culture ; aussi l'Amérique du Sud, l'Afrique et l'Australie sont-elles des pays d'importation. Un climat trop chaud et trop sec ne favorise pas la sécrétion laitière ; par exemple, le bétail du midi de la France, de la Hongrie, n'est pas laitier, on l'élève pour la boucherie. Observons aussi que cette industrie prospère dans les contrées dont le climat humide comporte une certaine fraîcheur du sol, c'est-à-dire près de la mer, des cours d'eau ou sur les montagnes.

Pour protéger leurs industries pastorales, les autres pays se hérissent de droits protecteurs : Allemagne, 25 francs pour 100 kilogrammes ; Danemark, 29 ; Espagne, 35 ; Grèce, 56 ; Italie, 12 ; Norvège, 28 ; Portugal, 56 francs pour les fromages communs et 98 francs pour les fromages fins ; Suède, 10 ; Serbie, 60 francs ou 8 pour 100 *ad valorem* ; États-Unis, 46 francs ; Russie, 122 francs. Seule la France ne s'associe pas à ce mouvement et continue à percevoir un droit ridicule de 4 francs ; conséquence : l'État perd ses droits de douane, les fromages suisses, refoulés, inondent le marché français. Il semble, dit M. Viette, que, dans la lutte pour la vie, nous apportions à désarmer nos compatriotes autant de soin que les autres peuples en mettent cà protéger leurs nationaux. Si encore le consommateur y trouvait son avantage ? Mais le bon gruyère se vend au détail 2 francs à 2 fr. 50 le kilogramme, le producteur français le livre à 1 fr. 10, 1 fr. 30 ; le consommateur le paie donc le double du prix obtenu par le fabricant. L'effondrement des prix n'a pas tardé à se produire, et la crise a atteint les Suisses par contrecoup. Les qualités supérieures, qui se vendaient jadis 150 à 175 francs les 100 kilogrammes, ont fléchi jusqu'à 120. Depuis sept ou huit mois, cependant, les cours remontent vigoureusement ; la consommation a fortement augmenté, le chiffre des importations suisses, qui dépassait 15 millions de kilogrammes en 1887, a diminué en 1888 de 7 millions environ de kilogrammes, on espère que les chambres voteront en 1892 des tarifs compensateurs. La crise est-elle conjurée ? De très bons esprits ne croient pas à la durée de cette hausse subite et prophétisent la baisse, car les causes de danger peuvent renaître et n'ont pas disparu sans retour.

D'autre part, les tarifs de chemins de fer pèsent lourdement sur notre production. Dès 1886, la chambre de commerce du Jura se plaignait que la Compagnie de Paris-Lyon-Méditerranée transportât les fromages suisses moitié moins cher que les produits français. Des fromages suisses, allant de Petit-Croix à Marseille et passant par Lons-le-Saunier, paient 45 francs, et ceux partant de cette dernière gare 55 fr. 50, soit 10 fr. 50 de plus pour un parcours moindre de 198 kilomètres. Pour Saint-Nazaire, une expédition de 5 000 kilogrammes, partant de Verrières, est transportée au prix de 42 francs la tonne, tandis que, de Pontarlier à Paris, le tarif est de 42 francs la tonne ; même prix, double parcours. Une pétition, appuyée par M. Viette, transmise par le ministère des travaux publics, a amené la compagnie de Paris-Lyon-Méditerranée à accorder quelques satisfactions.

Non moins juste, non moins raisonnable semblait la requête adressée au conseil municipal de Paris par MM. Alfred Bouvet et Milcent au nom des syndicats agricoles du Jura. L'octroi de Paris exempte de tous droits les fromages à pâte molle, qui sont, — quelques-uns du moins, — des fromages de luxe ; ainsi le livarot première qualité vaut 315 francs les 100 kilogrammes, le camembert 250, le brie 260, le roquefort 320 ; au contraire, il frappe le gruyère d'un droit exorbitant de 11 francs les 100 kilogrammes. Que devient la règle de l'égalité en matière d'impôt ? Pourquoi le tarif actuel grève-t-il la chose à bon marché, et pourquoi l'objet de luxe y échappe-t-il ; car le gruyère a pour principal consommateur l'ouvrier, tandis que la classe riche préfère, à tort d'ailleurs, les brie, les camembert, les coulommiers ? Comment refuser l'uniformité, la taxe unique pour tous les fromages ? Le retour à l'égalité encouragerait l'industrie de la petite culture et ces nombreuses sociétés coopératives, qui sont de véritables modèles de socialisme pratique. Cependant le conseil municipal de Paris a fait la sourde oreille. L'an dernier, une petite commune du Jura ayant expédié à la halle sa production, elle dut verser à l'octroi plus de 400 francs pour une vente de 4500. Voilà le tribut que de modestes campagnards ont payé à la ville qu'ils ne verront jamais.

Le gruyère contient moitié moins d'eau que la viande, deux fois plus d'azote, trois fois plus de carbone, douze fois plus de matière grasse ; il est deux fois plus riche en matière azotée, qui forme la substance des muscles, cinq fois plus riche en éléments respiratoires, c'est-à-dire en éléments qui distribuent la chaleur et la force à l'homme ; il stimule singulièrement la digestion. Pourquoi ne pas l'admettre, à titre facultatif, dans l'alimentation du soldat et du marin ? Pourquoi, au lieu des 300 grammes de viande que comporte la ration journalière, ne pas donner par exemple 200 ou 250 grammes de viande, et 50 ou 100 grammes de fromage ? Elle ne coulerait pas plus, elle serait meilleure et plus variée. On pourrait fournir cette denrée aux commissions de l'ordinaire qui fonctionnent dans chaque régiment, par voie de *substitution*, et la faire entrer dans les magasins de concentration. Quoi qu'en dise M. le ministre de la guerre, le gruyère se conserve longtemps et se transporte aisément ; l'intendance trouverait là de grandes facultés d'approvisionnement, nos fromageries le plus important débouché.

Voilà leurs griefs, leurs principales réclamations, et ils n'ont rien que de légitime. Qu'elles osent se plaindre, se plaindre sans cesse, et elles finiront par avoir gain de cause. Qu'elles demandent aussi aux conseils-généraux, au ministre de l'agriculture d'augmenter leurs subventions. Le conseil-général du Doubs, celui du Jura accordent chacun 2 500 à 3 000 francs de primes d'encouragement aux fruitières ; ils votent deux ou trois bourses d'entretien à Mamirolle et Poligny. C'est absolument insuffisant, quand on songe que ces deux départements ne comptent pas moins de onze cents fruitières qui, en beurres et fromages, rendent 18 à 20 millions de francs, quand on compare ces sacrifices à ceux que fait la Suisse pour ses cinq mille trois cents fromageries. Il faudrait doubler les subventions, accorder un matériel complet de fabrication à toute société qui s'établirait dans un canton où il n'en existe point encore. On créerait ainsi un exemple de progrès, les disciples de saint Thomas pourraient voir et toucher eux-mêmes.

Il convient aussi de développer sans cesse le sentiment de l'association, de la prévoyance, et, à la vieille formule hobbiste : chacun pour soi, chacun chez soi, de substituer une formule plus généreuse, plus intelligente, plus chrétienne en un mot. N'est-il pas bon de montrer à l'homme qu'il ne doit pas être un loup ou un renard pour l'homme, mais qu'il a intérêt à aimer son prochain et qu'il s'aime encore en l'aimant ; que la pitié, la sympathie rapportent souvent un profit moral et matériel ? Aussi approuvons-nous grandement l'initiative des directeurs du syndicat agricole de Poligny, qui ont la plus admirable entente des besoins de nos cultivateurs : ils ont institué une caisse spéciale de secours mutuels contre la mortalité du bétail, ils viennent de grouper en syndicat soixante fruitières de la région. Le but immédiat de cette création est de faire opérer la vérification des laits par un inspecteur au service du syndicat, qui arrive à l'improviste au chalet. Moyennant une contribution de 2 francs par 1 000 kilogrammes, chaque fruitière recevra plusieurs visites par an ; s'il y a lieu d'analyser un lait douteux, l'analyse se fait sans frais. S'il faut exercer des poursuites contre un délinquant, elles seront exercées parle syndicat tout entier, et les gérants n'auront à encourir aucune espèce de responsabilité. En cas de difficulté avec les marchands de fromages, le bureau du syndicat pourra servir d'arbitre, ou se charger de soutenir les droits de la fruitière devant les tribunaux. Ainsi, les gérants n'auront plus à craindre de se faire un ennemi mortel en dénonçant un voisin, les voilà désormais déchargés de ce lourd tracas. Ce n'est pas tout : le syndicat pourra acheter en gros, obtenir à meilleur compte certaines fournitures importantes ; enfin, les délégués des fruitières se réuniront de temps en temps, afin de contrôler l'utilité des réformes dans l'outillage et la comptabilité, discuter les intérêts généraux de leur industrie, se concerter sur les prix courants de la marchandise.

Quant à la caisse de secours mutuels, rien de plus ingénieux que son organisation, de plus simple que son fonctionnement. Un membre du syndicat remet au président une formule sur laquelle il inscrit la liste des animaux pour lesquels il veut s'assurer, leur âge et leur signalement, le lieu où ils se trouvent, la valeur de chacun d'eux : le président prend l'avis du bureau, et, assisté de deux administrateurs, statue à bref délai. Chaque adhérent paie une cotisation annuelle de 0 fr. 75 par 100 francs de la valeur déclarée et acceptée. Sur le total des cotisations, on prélève les frais d'administration de la caisse et un dixième qui est porté au compte de réserve. Le règlement, le paiement des secours se font dans la quinzaine qui suit l'apuration des comptes de l'exercice périmé ; les sinistres provenant de violences, manque de soins ou mauvais traitements exercés sur les animaux par les sociétaires ne do/ment lieu à aucun secours ; en cas de maladie ou d'accident survenu à l'une des bêtes déclarées, le propriétaire est tenu de la faire soigner à ses frais et de prévenir un des membres du conseil d'administration.

Voilà les bases de l'institution ; elle a réussi à merveille, rend des services signalés et devrait trouver place dans chaque société de fromagerie : une petite amélioration consisterait à avoir un abonnement avec un vétérinaire payé sur les fonds de la caisse. Aussi bien, la loi du 21 mars 1884 permet aux syndicats agricoles de fonder des sociétés d'assurances mutuelles dans lesquelles les adhérons mettent en commun certains risques et se garantissent contre les dommages causés par un fléau ; elles peuvent se constituer par acte sous-seing privé, sans autorisation du gouvernement, et n'ont pas le caractère commercial. Un bon système d'assurances agricoles, mettant le cultivateur à l'abri des causes de ruine auxquelles l'exposent la grêle, l'épizootie, serait un immense bienfait. En Suisse, l'assurance du bétail, obligatoire, se réalise au moyen de caisses cantonales ; la perception annuelle est de 0 fr. 10 à 0 fr. 20 par tête d'animal, et certaines caisses sont si riches qu'elles distribuent des primes pour l'élevage du bétail et les constructions d'étables : un service vétérinaire, organisé avec le plus grand soin, rend assez rares les maladies contagieuses. Le principe d'une organisation provinciale de l'assurance, patronnée par l'État, paraît devoir triompher en Belgique ; et, quant à l'Allemagne, où depuis longtemps l'assurance du bétail se fait par des mutualités locales que subventionnent le gouvernement ou les communes, le ministère de l'agriculture vient d'élaborer un système national d'assurances contre la mortalité de l'espèce bovine ; dès 1883, il y avait en Prusse 4 021 syndicats locaux qui avaient reçu 1, 025, 193 têtes de bétail, pour une somme de 42 226 044 marcs. En Hanovre, en Alsace, dans le grand-duché de Bade, les caisses mutuelles communales d'assurances prospèrent généralement et demandent à leurs membres une cotisation de 1 à 1 1/2 pour 100 de la valeur du bétail.

On voit le chemin que les fruitières ont parcouru depuis le temps où l'on se bornait à des prêts de lait réciproques : elles ont permis aux petits propriétaires de produire aussi bien que les grandes exploitations, elles ont appliqué le principe de la division du travail avec tous ses avantages. Pour remplir toute leur carrière, elles doivent être protégées contre l'étranger, obtenir des débouchés, la révision des tarifs de chemins de fer, l'égalité de traitement devant la douane parisienne. Qu'elles réalisent aussi l'amélioration de leur matériel, le perfectionnement de la fabrication, l'assurance mutuelle, la solidarité entre les associés d'une même région. Et surtout qu'elles se gardent bien d'imiter cette bonne femme qui, toutes les fois qu'elle faisait une omelette, maudissait Colbert parce qu'il avait mis un impôt sur les œufs : personne n'entendait son imprécation solitaire. Qu'elles forment faisceau pour attaquer les abus, pour défendre leurs droits. Le monde appartient à ceux qui se réunissent, à ceux qui parlent haut et combattent avec discipline.

Notes

1.   Voir le Manuel des fromageries du docteur Munier. — Max Buchon, les Fromageries franc-comtoises. — A. Pouriau : De l'Industrie fromagère, De l'Industrie laitière dans dix départements ; la Laiterie, 1 vol. in-18, 1888. — L. Péquignot : les Fromageries franc-comtoises. — La Crise de l'Industrie fromagère dans le Jura comtois et la Suisse, Annales agronomiques, 25 février 1889. — Grandvoinnet : Rapport à la Société d'agriculture de l'Ain sur les fruitières suisses ; Bourg, 1884. — G. Martinet, la Situation de l'Industrie laitière en Suisse, 1889. — Emmanuel de Vevey : l'Activité de la station laitière de Fribourg en 1888.

2.   Le département du Jura, dont la superficie est de 500 000 hectares, nourrissait, en 1888, 78 158 vaches, dont 61 022 en fruitières ; le produit en lait fourni par celles-ci à la chaudière est évalué à 89 795 800 litres, qui ont donné 7 482 989 kilogrammes de fromages divers, vendus 7 915 580 francs. Chaque vache a donc apporté à la chaudière 1 481 litres de lait par an, convertis en 122 kilogrammes de fromages, vendus 130 fr. 69. Tandis que, dans le

Fribourg, on tire d'un hectolitre de lait 9 kil. 090 de fromage et 10 fr. 90, les Jurassiens n'en tirent que 8 kil. 337 et 8 fr. 90 ; tandis que chaque vache suisse donne 2 360 litres de lait ou 201 kil. 800 de fromage, valant 237 francs, chaque vache du Jura ne rend que 1 481 litres de lait ou 122 kilogrammes de fromages, valant 130 francs. Si les habitants du Jura traitaient leur bétail comme les Fribourgeois, ils auraient obtenu 144 millions de litres de lait, qui auraient fourni 12 310 000 kilogrammes de fromages, valant 14 457 000 francs, c'est-à-dire un profit presque double. Le canton de Fribourg a une superficie de 190 000 hectares ; le recensement de 1888 indiquait 37 000 vaches laitières, produisant 94 millions de litres de lait, ou environ 2 530 litres par tête et par an, dont 86 833 500 litres sont employés à la fabrication du fromage et produisent 7 408 172 kilogrammes, vendus 8 millions 726 498 francs. Chaque vache aurait donc fourni à la chaudière 2 360 litres par an.

3.   Voir les Syndicats professionnels et agricoles dans la Revue du 1er septembre 1887.

4.   Autrefois, on offrait au curé la crème quotidienne et le fromage annuel ; cet usage passera bientôt à l'état de légende.

5.   La Fruitière jurassienne ; cette feuille mensuelle, publiée à Poligny, envoyée gratuitement à toutes les fruitières du Jura, leur rendra de précieux services. — Signalons aussi le Journal du syndicat des fruitières du Doubs, imprimé à Saint-Vit (Doubs) qui publie d'utiles articles sur toutes les questions fromagères et agricoles.

6.   On considère comme lait malade, le lait aqueux, qui ne mesure pas 10 pour 100 de crème ; le lait acide, le lait bleu, le lait mucilagineux ou filant, le lait graveleux, le lait amer, le lait rouge, etc. Le lait falsifié est le lait écrémé, coupé d'eau, additionné de farine, amidon, gypse et autres matières étrangères.

7.   On peut évaluer à 1 600 francs les frais d'achat du matériel nécessaire à la confection des fromages et du beurre pour une fruitière moyenne traitant 500 à 800 litres de lait par jour. Dans beaucoup de fruitières, le fromager fournit une partie des objets nécessaires à la confection des fromages ; chaudière, tranche-caillé, brassoirs, poches à écrémer, présure, sel, bois, toiles, moules, etc.

8.   Dans les grandes laiteries françaises et étrangères, on met

à profit les découvertes de M. Pasteur et on pasteurise le lait, en le chauffant d'abord jusqu'à 95 degrés environ, puis en le refroidissant rapidement jusqu'à quelques degrés seulement au-dessus de zéro : on le conserve ensuite à la température moyenne de 10 à 12°.

9.   M. Rigaux, professeur départemental d'agriculture de la Haute-Savoie, m'a fourni les chiffres suivants : ce département, d'après le recensement du 1er janvier 1890, a 297 fruitières réparties dans 180 communes. La production du gruyère demi-gras est de 24 423 quint. 45, celle du beurre, de 4 757 quint. 81, provenant de 317 187 742 quintaux de lait. En 1889, le prix moyen du gruyère était de 100 francs le quintal et celui du beurre de 2 fr. 2.5 le kilogramme. En 1887 et 1888, les gruyères valaient en moyenne 110 francs et le beurre 2 fr. 15. Le nombre des fruitières, en 1887, était de 232, et de 265 en 1888. — Le département de la Savoie possède 82 000 vaches laitières, 40 fruitières et une centaine de montagnes pastorales, appartenant à des communes, à des particuliers qui les louent ou les exploitent. 307 000 kilogrammes de beurre, 1 031 000 kilogrammes de gruyère, environ 429 000 kilogrammes de fromages de fantaisie : reblochons, gratairons, boudannes, tomes, Mont-Cenis, tignards, vacherins, persillés, voilà, d'après M. Briot, la production en 1888. Les vaches sont, pendant neuf mois, nourries dans les villages, et en été dans les pelouses pastorales, qui s'étendent au-dessus de la zone forestière, et dont la contenance est évaluée à 188 000 hectares. Les fruitières fabriquent surtout du beurre et du gruyère, et c'est ce même fromage que l'on fait en plus grande quantité dans les montagnes pastorales : ainsi Beauport, qui produit 62 650 kilogrammes de beurre, 171 000 kilogrammes de gruyère, 122 850 kilogrammes de tomes, n'a pas une seule fruitière, mais il renferme quinze villages et vingt-huit montagnes pastorales.

10.   À Servigney, canton de Saulx, Haute-Saône, le fruitier reçoit un traitement de 700 francs, une prime de 2 fr. 15 par 100 francs de vente, une prime de qualité variant de 60 à 220 francs selon que les fromages atteignent des prix plus ou moins élevés. Cette combinaison semble préférable à toutes les autres.

11.   On fabrique aussi de la présure concentrée, liquide ou en poudre ; mais nos fromagers n'en ont point l'habitude, et presque tous s'en tiennent à l'ancien système, avec raison peut-être, car

cette présure artificielle présente quelques inconvénients. Voir l'excellent traité de Pouriau, la Laiterie, 4e édit., 1888 ; librairie Audot.

12.   Pendant l'hiver, beaucoup de fromageries suisses et comtoises ne fonctionnent plus. On fabrique alors dans la Gruyère des vacherins, fromages blancs et mous du genre de nos fromages de boîtes, dits du Mont-Dore, mais trois fois plus gros. Ils se consomment dans tout le canton en fondue bouillante où, comme à la gamelle, on trempe son pain découpé en pain bénit et piqué au bout de la fourchette. Dans nos contrées de l'est, on fait des fromages bleus (septmoncel, gérardmer, morbier), des fromages dits de boîteset des chevrets.

13.   Lind Roth : l'Industrie laitière suisse.

14.   Clare Read et A. Pell : l'Agriculture aux États-Unis. — Enquête américaine. — Tisserand : l'Agriculture du Danemark. — Annales de l'Institut agronomique. — Bulletins du ministère de l'agriculture (années 18S3 et suiv.).

15.   Sur 13 millions de bêtes à cornes, la France a environ 5 millions de laitières, dont elle tire 68 millions d'hectolitres de lait ; 25 millions sont transformés en 73 millions de kilogrammes de beurre et 112 millions et demi de kilogrammes de fromages, valant ensemble 282 millions de francs.

ISBN : 978-1721623358

www.ingramcontent.com/pod-product-compliance
Lightning Source LLC
Chambersburg PA
CBHW070929220526
45468CB00005B/1710